Siete Simples Pasos para Encontrar Literatura Científica

César Andrés Caamaño

Este libro es presentado con un propósito educativo y de entretenimiento. El autor y la Editora no lo presentan como un servicio profesional de consejería legal, contable o de cualquier otro tipo. Aunque se han realizado los mejores esfuerzos en la preparación de este libro, el autor y la Editora no hacen representaciones o garantías de ningún tipo y no asumen responsabilidad de ningún tipo con respecto a la precisión o cobertura de su contenido y específicamente niegan ninguna garantía de mercantilidad o ajuste para un propósito particular. Ni el autor ni la Editora podrán ser sometidos como responsables ante ninguna persona o entidad respecto a cualquier pérdida o incidente o consecuencias dañinas causadas, o que se le alegue que han sido causadas, directa o indirectamente, por la información o programa contenido en este documento. Ninguna garantía puede ser creada o extendida por representantes de ventas o material de ventas escrito. Cada proyecto es distinto y los consejos y estrategias contenidas en este documento pueden no ajustarse para su situación particular. Usted debe buscar los servicios de un profesional competente antes de iniciar cualquier proyecto. Las historias y los personajes y las entidades son ficticias. Cualquier parecido a personas específicas, vivas o fallecidas, es estrictamente coincidencia.

Este libro contiene opiniones e ideas de su autor. Es vendido bajo el entendimiento de que ni el autor ni la Editora están ofertando un servicio de consejería profesional financiera, legal, consultoría, de inversión u otro tipo de servicio profesional.

Puede contactar al autor de esta obra a través del correo electrónico Kaisar.Andreas@gmail.com

Tabla de Contenido

Introducción

Todo proyecto de investigación se inicia con el propósito de responder preguntas de investigación que han quedado sin responder en proyectos anteriores. Esto significa que la investigación no se produce en un vacío, sino que su punto de partida lo constituye la literatura científica existente al momento de plantearnos un proyecto. Como se ha hecho ya famosa una frase de *Google Scholar*, "nos paramos sobre los hombros de gigantes" cuando consideramos todas las investigaciones que se han realizado antes de iniciar nuestro proyecto.

El reto cuando vamos a investigar un tema que es nuevo para nosotros consiste en que desconocemos tanto el contenido de esa literatura existente como el dónde ha sido publicada. De este modo se hace necesario establecer una estrategia para identificarla, listarla y encontrarla, asegurándonos de que esa lista de literatura relacionada a nuestro tema de investigación recoja la más diversa producción científica sobre el mismo.

En este libro les presentaré siete pasos que me han servido en la búsqueda de literatura científica. La idea original de estos pasos no es mía, sino que ha sido fruto de innúmeras recomendaciones o lecciones aprendidas por investigadores antes que yo. Especial crédito debo dar a John D. Cone y Sharon L. Foster, que en su libro *Dissertations And Theses from Start to Finish: Psychology And Related Fields* plantean amplias y profundas recomendaciones aplicables a todo proyecto de investigación. Definitivamente su enseñanza ha permeado mi pensamiento y mis recomendaciones.

Además de los siete pasos para encontrar literatura científica que aquí presento, este libro se inicia con una breve explicación sobre la elección del tema de investigación, que muchas veces abruma a los investigadores nuevos. De manera similar continúa con un conjunto de tres reglas para localizar la literatura científica relevante, las cuales garantizarán la calidad del contenido de los documentos que vayamos a utilizar en nuestra investigación.

Toda investigación se compone de un conjunto de pasos interrelacionados que, al seguirlos de manera sistemática, nos permiten construir un producto final de calidad. Uno de los pasos más importantes, pues incide drásticamente en las decisiones que tomaremos a lo largo del proyecto de investigación, lo constituye la búsqueda, la lectura y el análisis de la literatura científica existente. Cuento con que al seguir mis recomendaciones y consejos puedan llevar a cabo esta tarea de una manera más organizada, eficiente y placentera.

Eligiendo el tema de investigación

Aunque en este texto vamos a enfocarnos en la búsqueda de literatura científica, es importante tener claro que esta búsqueda, como cada etapa de una investigación, no es una acción aislada e independiente. Cada fase o etapa de la investigación incide en cada etapa subsiguiente; y es definida, en muchas formas, por cada etapa anterior. De este modo es necesario que tengamos claro que para realizar la búsqueda de la literatura científica es preciso haber establecido nuestro tema de investigación.

Una investigación puede tener su origen en distintas situaciones. Puede que la vayas a hacer porque tienes un interés particular en un tema, puede que seas parte de un equipo y ese tema fue elegido en consenso. También es posible que dicho tema haya sido elegido por alguna instancia superior y como parte de tu trabajo debas ejecutar el proyecto. Lo que sí es importante al momento de elegir o determinar el tema es tener claro qué se quiere saber y qué hace falta conocer sobre ese tema en particular.

Si el tema te viene dado por otros es poco lo que puedes decidir al respecto, pero si es un proyecto en el que puedes elegir tu tema de manera independiente es importante que dicho tema sea de especial interés para ti. Vas a pasar largas horas destinadas a leer y conocer más que nadie sobre ese tema, y aquí la importancia de que el mismo tenga importancia para ti. Esto te ayudará cuando empieces a sentir cansancio o cuando quieras dedicar tiempo a otras actividades.

Entonces, ¿dónde encontrar temas para investigar? Aquí de nuevo la pregunta: ¿qué quieres conocer?

¿Qué tema te interesa? ¿De qué te gusta aprender? ¿De qué te gusta pasar horas leyendo? ¿Qué te intriga? ¿Qué aspecto de tu ciencia te genera curiosidad? ¿Qué aspecto te parece es importante? Esta es una decisión muy personal y de ella depende que puedas sacar la energía y hacer los sacrificios de tiempo necesarios para hacerte un experto en tu tema.

Cómo definir el tema de investigación

Muchas veces elegimos un tema y éste resulta muy amplio o genérico para permitirnos realizar una investigación sobre el mismo. De esta forma se hace importante que aprendamos a ir definiendo el tema a investigar de forma más precisa y específica, pudiendo identificar qué aspectos forman parte de nuestra investigación y qué aspectos no formarán parte de este proyecto en particular. Para lograr especificar de esta forma nuestro tema debemos respondernos cuatro preguntas generales:

1. ¿Cuál es el concepto o definición de nuestro tema o fenómeno de investigación?

2. ¿Cuáles son las consecuencias del fenómeno que estamos estudiando?

3. ¿Cómo se ha enfrentado el fenómeno que estamos estudiando?

4. ¿Qué está sucediendo sobre el fenómeno en el contexto

local específico en que pensamos estudiarlo?

Cuando nos preguntamos sobre el concepto de nuestro tema nos estamos refiriendo a su definición. Queremos saber cómo lo han definido los autores antes que nosotros, así también como qué lo diferencia de otros conceptos similares. Queremos entender cuáles categorías o niveles tiene. Necesitamos comprender cuáles son sus causas y qué origina que aparezca el fenómeno que estamos estudiando.

De manera similar, cuando respondemos a la pregunta sobre cuáles son las consecuencias del fenómeno que estamos estudiando, queremos entender a quiénes afecta y bajo cuáles circunstancias es que ocurre este fenómeno. Necesitamos comprender cuáles son las consecuencias económicas de este fenómeno, así también como las consecuencias sociales y todas aquellas que afecta la vida de las personas que lo padecen. Es importante que logremos identificar qué otros fenómenos pueden surgir al producirse nuestro fenómeno estudiado, o situaciones que ocurren de manera simultánea.

Al responder sobre cómo se ha enfrentado nuestro fenómeno estamos buscando información acerca de cuáles han sido las medidas para solucionarlo, así también como cuáles han sido los tratamientos, ya sean éstos preventivos o posteriores a su aparición, que se han aplicado. Hay que considerar también tratamientos realizados o propuestos en otras disciplinas distintas a la nuestra.

Cuando respondemos la pregunta de qué está sucediendo sobre el fenómeno en el contexto local en que piensa estudiarlo, estamos procurando comprender qué se conoce sobre la realidad a la que tenemos alcance. De manera específica queremos saber qué está sucediendo en esa población que nos interesa. Es importante aquí poder explicar detalladamente nuestro contexto, pues en los puntos anteriores hemos respondido las preguntas, digamos, desde un punto de vista y referente mundial: todo lo que se haya hecho en cualquier parte del mundo servía para responder nuestras preguntas. Sin embargo, en esta pregunta nos interesa comprender exactamente la situación que viven las personas que vamos a estudiar: es un enfoque basado en una ubicación geográfica y temporal específica.

Obviamente, al principio estás preguntas te parecerán abrumadoras, pues apenas ahora es que empiezas a conocer sobre tu tema de investigación. Pero no temas. Las respuestas a estas preguntas se irán completando conforme vayas aprendiendo más sobre el tema. Tú irás actualizando estas preguntas en el curso de tu investigación, calibrando y definiendo mejor, cada vez, tu proyecto de investigación.

Por otro lado, necesitas poder conseguir rápidamente información que te permita arrancar y empezar a responder estas preguntas que te he planteado. Para responderlas vas a utilizar lo que se conoce como fuentes de información secundaria. Estas fuentes secundarias te permitirán rápidamente comprender la situación actual sobre tu tema de investigación. A estas fuentes secundarias podemos llamarlas fuentes rápidas de información general.

Fuentes rápidas de información general

Como he descrito anteriormente, es muy común que iniciemos un proyecto de investigación conociendo muy poco sobre el tema a investigar. Esto es común cuando nos estamos iniciando como investigadores, o cuando el tema es recomendado por un colega, o consiste en un proyecto dentro de un área nueva para nosotros. Localizar la literatura científica en estas condiciones implica una actividad adicional previa, pues debemos familiarizarnos con los conceptos y los subtemas generales del tema a investigar. Para esto existen varias estrategias que podemos realizar y que describiré a continuación, en especial las tres que a nivel personal me han dado mejor resultado, que son

1. Buscar información en enciclopedias.
2. Páginas web de organismos locales, nacionales e internacionales.
3. Libros escritos sobre el tema.

La primera estrategia que utilizo es buscar información sobre el tema en una enciclopedia. Actualmente la enciclopedia más completa y actualizada es Wikipedia (**www.wikipedia.org**), que aparece en varios idiomas y puede ser encontrada utilizando cualquier explorador de Internet. En la enciclopedia encontraremos información sobre la definición conceptual de nuestro tema, los distintos subtemas lógicos en que se ha desglosado, antecedentes y otras informaciones generales. Además, como las enciclopedias son una fuente secundaria de información, podremos encontrar links a fuentes primarias y oficiales que nos permitirá ir profundizando en nuestro conocimiento sobre el tema. Estos links suelen aparecer al final del documento y son realmente clave para comprender más profundamente nuestro tema de investigación.

La segunda fuente de información rápida son las páginas web de organismos locales, nacionales e internacionales. En estas páginas podemos encontrarlas haciendo una búsqueda en cualquier buscador en Internet (e.g., Google, Yahoo). Para encontrarlas es usualmente suficiente con colocar el nombre o término general de nuestro tema a investigar junto a palabras como asociación, institución, instituto, corporación, dirección, etc. Es importante que realicemos estas búsquedas en el idioma que se habla en la localidad donde entendemos se encuentra la asociación o institución que nos interesa. Por ejemplo si la institución está en los Estados Unidos o Inglaterra debemos hacer la búsqueda en inglés; si se encuentra en España o México debemos hacer la búsqueda en español. Sin embargo, no debemos olvidar que la mayor cantidad de información que está disponible en el Internet se encuentra en el idioma inglés, por lo que es común que aun en organismos localizados en países donde esa no es la lengua oficial, se publiquen informaciones en inglés. Los organismos internacionales casi siempre tienen sus documentos en varios idiomas, pero el inglés sigue siendo el preponderante aun en estos escenarios.

Una vez estemos en las páginas web de las instituciones u organismos que trabajan con nuestro tema vamos a buscar boletines, publicaciones, blogs, informes y demás documentos publicados por ellos, que nos ayuden a entender de manera más profunda nuestro tema elegido. Hay que estar atento, además, de otras instituciones aliadas que puedan mencionarse en estos documentos, pues ellas pueden tener también documentos propios sobre nuestro tema en sus respectivas páginas en Internet.

La tercera fuente de información rápida que recomiendo son los libros escritos sobre el tema. Estos pueden ser encontrados fácilmente en las bibliotecas, en las librerías y, mi gusto personal, en Amazon.com. Debemos buscar libros que sean generales sobre nuestro tema y que puedan presentar una descripción fundamental sobre el mismo. Es importante elegir, dentro de lo posible, aquellos que sean los más modernos o los más recientes, pues de ese modo recogen las últimas innovaciones relacionadas a nuestro tema de investigación.

Una vez hemos revisado estos tres tipos de fuentes de información rápida podemos tener un mayor conocimiento y comprensión sobre nuestro tema a investigar. Las preguntas que planteé para definir el tema de investigación deben haber sido respondidas por escrito, pues las mismas nos ayudarán a mantener de manera clara y específica nuestros esfuerzos para localizar la literatura relevante. Es decir, al tener esas respuestas por escrito evita que vayamos buscando y revisando literatura que no es pertinente a nuestro tema de investigación definido. Veamos ahora las reglas generales para localizar la literatura relevante.

Reglas para localizar la literatura relevante

Antes de empezar a buscar literatura científica que sea relevante a nuestra investigación es importante comprender ciertas reglas generales sobre todo el proceso. Estas reglas nos ayudarán a mantener la calidad de la documentación utilizada en nuestra investigación. Estas reglas son

1. utilizar fuentes primarias,
2. priorizar el uso de literatura revisada por pares y
3. evitar la prensa popular.

Utilizar fuentes primarias

La primera regla a tomar en cuenta es la de utilizar fuentes primarias de información. Cuando hablo de fuentes primarias me refiero a estudios específicos que se hayan realizado sobre el tema, donde la información se recoge y se presentan los resultados de los análisis. Por lo general se trata de estudios de campo, sean estos cuantitativos o cualitativos, donde los datos presentados han sido recolectados directamente por los autores del documento.

La importancia de utilizar fuentes primarias es que en ellas se presentan los datos específicos de las investigaciones, y no sólo las interpretaciones que otros investigadores hacen de dichos datos. Para decirlo de otra forma, en las fuentes primarias se describe en detalle el método y los resultados de las investigaciones. Por otro lado, como pude haber explicado antes, en las secundarias, que son aquellos escritos basados en las primarias, se presentan las interpretaciones de otros autores sobre los hallazgos hechos por los primeros. Estas interpretaciones pueden variar, condicionar y modificar la idea real que los autores originales intentan presentar. Incluso, las propias interpretaciones de los autores originales podrían estar sesgadas. Uno debe ser capaz de revisar los resultados directos de los autores originales y llegar a sus propias conclusiones. Los libros de texto, enciclopedias y revisiones de literatura suelen ser fuentes secundarias de información.

Es por esta razón que cuando investigamos debemos priorizar los documentos que describan claramente el método de investigación utilizado y los resultados hallados por los investigadores. No está de más repetirlo, como investigador debes ser capaz de construir tus propias interpretaciones y conclusiones a partir de estas dos secciones de las fuentes primarias.

Priorizar el uso de literatura revisada por pares

La literatura científica suele clasificarse en dos grandes grupos, en función de que cuando es sometida para su publicación la propuesta de artículo haya sido revisada por pares o no. Ser revisada por pares (o *peer reviewed* como se le conoce en inglés) significa que cuando el artículo es sometido a una revista para ser publicado, el mismo es evaluado por otros profesionales de la misma disciplina a la que perteneces como investigador, o por expertos en tu tema de investigación (si eres médico, pues por médicos; si eres psicólogo, pues por psicólogos; si eres abogado, pues por abogados). Es muy importante que los documentos a utilizar hayan sido revisados por pares pues esto garantiza la calidad del método utilizado y que el documento este en consonancia con los procesos técnicos y éticos de la disciplina en que investigamos. Es decir, estos pares han verificado la calidad técnica de los artículos que son publicados, y tienen el conocimiento y experiencia necesarios para poder hacer evaluaciones rigurosas y apegadas al método científico.

Es importante destacar que aún dentro de la literatura revisada por pares hay dos clasificaciones adicionales: la que es revisada a ciegas y la que no lo es. Una revisión a ciegas se refiere a que los revisores, que son pares, desconocen el nombre y la afiliación del autor o autores de un artículo que revisan. De este modo se propicia que la decisión de publicar o no un artículo esté basada en criterios científicos y técnicos, y no existan sesgos y predisposiciones acerca de los autores de los mismos. En unas palabras más llanas, lo que se busca con la revisión a ciegas es que un artículo no sea publicado porque su autor es famoso, ni que se dejen de publicar artículos de autores desconocidos; lo que se quiere es que se publiquen artículos cuyos métodos y análisis estén en consonancia con lo establecido en el método científico y en el estado actual de la disciplina que se estudia.

Las revistas científicas por lo general detallan si sus publicaciones son revisadas por pares, y si los artículos de las mismas son revisados a ciegas. Esta información la puedes encontrar en la descripción de la revista misma, usualmente en su página web, o en las instrucciones que las revistas hacen a sus autores. En sentido general se espera que una revista que se cataloga como científica sea revisada por pares. Sin embargo, ten en cuenta este criterio cuando estemos hablando, más adelante, sobre los motores de búsqueda y bases de datos de revistas científicas, ya que el ser revisadas por pares es uno de los criterios de selección que puedes establecer al realizar las búsquedas.

Evitar la prensa popular

En estos tiempos en que vivimos, donde la información fluye en todas direcciones, dándonos la sensación de que lo hace libremente, es posible que nos veamos tentados a considerar toda información como si fuera buena información o información de calidad, especialmente si la misma aparece en revistas y periódicos populares o dirigidos al público en general. En principio, la información que aparece en estos medios no tiene nada de malo, pero como la misma no presenta en detalle tanto el método utilizado para llegar a sus resultados, ni los resultados alcanzados, se recomienda evitarla.

Podemos tratar la prensa popular como tratamos las opiniones. A pesar de que todo el mundo tiene una opinión, esas opiniones no constituyen hechos, de modo que carecen de las características básicas para ser consideradas como información científica. Debemos evitar utilizar la información de la prensa popular, a menos que estemos haciendo un análisis de la información popular que aparece en estos medios, en cuyo caso los medios populares no serían fuentes de literatura científica, sino que serían objeto de nuestro estudio.

Siete pasos para encontrar literatura científica

Estamos en el proceso de encontrar literatura científica para leerla, analizarla y redactar un informe que describa claramente los métodos utilizados por los investigadores que han trabajado nuestro tema, presentar las fortalezas y las debilidades de dichos métodos, describir los resultados alcanzados y descubrir espacios de información que necesitan ser corroborados, aclarados o investigados. Es decir, necesitamos criticar la literatura existente sobre nuestro tema.

Para lograr criticar la literatura existente de la manera adecuada necesitamos primero construir una lista amplia de referencias bibliográficas que tratan nuestro tema de investigación. Debemos primero preparar esta lista antes de empezar a leer las fuentes primarias de investigación, y mucho antes de empezar a escribir nuestra revisión de literatura, para evitar sesgos en la selección de nuestra literatura. Es importante que esta lista sea lo más amplia posible, pues siempre vamos a leer mucha más información que la que vamos a utilizar en nuestro informe. Pero de nuevo, debemos crear primero la lista completa antes de empezar a leer los artículos que en ella se listan.

Un dato muy importante, que nos evitará dolores de cabeza posteriores, es que cuando estemos preparando esta lista de referencias bibliográficas mantengamos el mismo estilo editorial que se utiliza en nuestra disciplina. Por ejemplo, en psicología y en muchas ciencias sociales se utiliza el estilo editorial de la *American Psychological Association* (APA), pero existen muchos otros estilos, como el Chicago, el Oxford, el Harvard y el *Modern Language Association* (MLA), entre otros. Es vital que utilicemos el estilo adecuado para asegurarnos de que nuestra lista contenga toda la información que luego hemos de necesitar para identificar y localizar los documentos científicos que vamos a leer. Estos estilos son todos buenos, con sus fortalezas y debilidades inherentes a cada uno. Lo importante de ellos es que permiten sistematizar la información de referencia para que sea fácilmente recuperable y utilizable por los investigadores. El riesgo de no hacerlo así, de manera sistemática, es que luego que tengas la lista no sepas cómo localizar alguno de los artículos que incluiste en la misma, sea porque falta la información relacionada a los autores, a la revista, al año, o cualquier otro elemento necesario para ubicarla.

Teniendo esto en cuenta, a continuación presentaré los siete pasos para encontrar literatura científica, los cuales me han sido de utilidad en mis múltiples investigaciones. Estos siete pasos son

1. Identificar las palabras clave.
2. Buscar en fuentes de referencias bibliográficas.
3. Identificar los autores clave sobre el tema.
4. Pedir pre-impresiones y re-impresiones.
5. Buscar en fuentes de referencia bibliográfica de otras disciplinas.
6. Revisar la tabla de contenido de las revistas científicas clave.
7. Revisar la lista de referencia de artículos.

Identificar las palabras clave

Estos siete pasos que vamos a realizar están dirigidos a crear una lista de referencia que contenga una amplia y completa selección de documentos científicos sobre nuestro tema de investigación. Pero para poder iniciar la creación de esta lista primero debemos identificar cuáles son las palabras clave que se utilizan para catalogar nuestro tema de investigación.

Una palabra clave es el término que utiliza con mayor frecuencia la comunidad científica para referirse a un fenómeno en particular. Estas palabras claves se utilizan entonces para indexar (crear catálogos e índices) y para localizar artículos relacionados a un tema específico. Por consiguiente, son las que debemos utilizar al realizar nuestras búsquedas.

Ahora bien, de la palabra clave elegida dependerá mucho el éxito o fracaso de una búsqueda. Si elegimos bien la palabra clave encontraremos muchos documentos relacionados a nuestro tema. Si por el contrario hacemos una incorrecta selección de nuestra palabra clave entonces encontraremos una insuficiente e inadecuada selección de documentos relacionados a nuestro tema.

Por ejemplo veamos el resultado de la búsqueda utilizando dos palabras clave distintas que se pueden utilizar para el mismo concepto. Supongamos que queremos realizar una búsqueda sobre artículos científicos relacionados a pruebas de evaluación de habilidades, y realizamos dicha búsqueda en PsycNet (este es un buscador de literatura científica utilizado ampliamente en Psicología). Si utilizamos como palabra clave la expresión *ability test* encontraremos 3,643 registros. Pero si utilizamos la expresión *aptitude measures* encontraremos 2,510 registros. De este modo podemos constatar cómo al utilizar dos palabras clave distintas para un mismo tema nos ofrece un resultado claramente distinto: nos perderíamos 1,133 registros si utilizamos *aptitude measures* en vez de utilizar *ability test*.

Otro aspecto que debemos tomar en cuenta a la hora de utilizar una palabra clave es el idioma que utilicemos para la búsqueda. La mayoría de los artículos profesionales se publican en inglés, y de los que se publican en otro idioma la mayoría incluyen resúmenes y palabras clave en inglés. Por esta razón si queremos maximizar nuestra búsqueda de artículos científicos debemos utilizar palabras clave en el idioma en inglés. Veamos un ejemplo: la palabra clave *major depression* ofrece un total de 85,738 registros en PsycNet. Sin embargo la palabra *depresión mayor* sólo ofrece 29 registros en la misma base de datos. ¡Esta diferencia es abismal!

Ahora bien, todo este asunto vuelca su importancia en cómo identificar las palabras claves que debemos utilizar. Para esto lo ideal es utilizar un tesauro o mecanismo similar (en PsyNet el tesauro es denominado *Term Finder*). Un tesauro es un tipo de diccionario que, en vez de presentar las definiciones de las palabras (aunque a veces incluyen una breve definición), presentan la palabra clave con que se debe realizar la búsqueda para encontrar información científica sobre ese contenido o tema. En otras palabras el tesauro es un diccionario de sinónimos y, en ocasiones, de antónimos. De este modo no elegiremos la palabra clave basados en nuestra creatividad o conocimiento del lenguaje, sino que utilizaremos la herramienta del tesauro para que nos diga cuál es la palabra clave que se utiliza para indexar nuestro tema de investigación. Si la fuente de referencia bibliográfica que utilizamos no dispone de un tesauro incluido en ella, podemos utilizar cualquier otro tesauro y probar con distintas palabras la que nos ofrezca un mayor resultado en la búsqueda. Un tesauro muy fácil de usar es Thesaurus.com. También puede encontrar una lista más amplia de tesauros utilizando este link de Wikipedia:

http://en.wikipedia.org/wiki/Thesaurus

De este modo, vamos a introducir términos en el tesauro para que nos ofrezca las palabras clave utilizadas para indexar dichos términos. Pero, ¿de dónde obtenemos los términos que pondremos en el tesauro? Pues utilizaremos los términos que han acuñado los autores más importantes o emblemáticos sobre el tema. De aquí la importancia de aquella primera revisión que hicimos de fuentes rápidas de información.

Buscar en fuentes de referencia bibliográficas

Hasta este momento hemos hablado de utilizar las palabras clave para buscar los documentos científicos que necesitamos, pero no hemos hablado sobre dónde hemos de realizar dichas búsquedas. Estas búsquedas las haremos en los sistemas de fuentes de referencia bibliográficas, la mayoría de ellos accesibles desde el Internet. Existen varios sistemas o fuentes debido a que cada uno se enfoca en una disciplina en particular. Una lista amplia de estos sistemas puede ser vista en Wikipedia, siguiendo este link http://es.wikipedia.org/w/index.php?title=Anexo:Bases_de_datos_acad%C3%A9micas_y_motores_de_b%C3%BAsqueda&oldid=68387409, o haciendo una búsqueda en Google o en otro buscador, considerando la expresión *bases de datos académicas y motores de búsqueda*. Aun así quiero presentarles a continuación una breve lista de los que utilizo con mayor frecuencia en mis investigaciones o de aquellos que llaman mi atención.

- Agricultural Online Access: fuente de referencia sobre agricultura.

- Association for Computing Machinery: fuente de referencia sobre informática e ingeniería.

- Current Index to Statistics: fuente de referencia sobre estadística.

- EconLit: fuente de referencia sobre economía.

- Educational Resource Information Center (ERIC): fuente de referencia sobre educación.

- HubMed: fuente de referencia sobre medicina.

- Medline Plus: fuente de referencia sobre medicina.

- PsycNet: fuente de referencia sobre psicología.

- Social Science Citation Index: fuente de referencia sobre ciencias sociales.

Ahora bien, aunque estas fuentes de referencia bibliográfica son buscadores especializados, funcionan de manera muy similar a como lo hace Google, Yahoo y cualquiera de los buscadores populares. La eficacia de estos buscadores dependerá, como he dicho antes, de las palabras clave que utilicemos al buscar.

Entonces, ¿qué hacemos? Vamos a colocar nuestras palabras clave en estos buscadores y obtendremos una lista de documentos científicos. Para esta lista vamos a revisar tanto el título de las publicaciones como los resúmenes (llamados en inglés *abstracts*) para identificar cuáles de esos artículos están relacionados con nuestro tema de investigación. Aquí es importante no ser muy excluyente, pues existen muchos artículos relacionados a nuestro tema aún si su diseño, población o procedimiento utilizado es distinto al que pensamos utilizar nosotros. No se trata de encontrar un artículo donde se haya realizado justo lo que queremos hacer nosotros, sino información relacionada a nuestro tema. Los hallazgos encontrados en esos estudios pueden ser aplicables a nuestro contexto aun existiendo diferencias metodologías entre nuestro estudio y el de ellos.

En este momento hemos colocado nuestra palabra clave y hemos obtenido nuestro resultado. Es posible que la lista sea de entre 100 y 500 documentos para revisar. Sin embargo, es muy común que nuestra lista obtenida con nuestra palabra clave supere el número de los miles documentos. Esto así sería inmanejable y realmente abrumadora, como por ejemplo *major depression* muestra unos 85,738 registros, y *stress* muestra unos 157,984. Para reducir esa lista a un número más manejable, y a veces para hacerla más precisa con respecto a un tema más específico, podemos utilizar diversos filtros que se incluyen en los buscadores de referencias. Entre esos filtros es común encontrar los criterios de año de publicación, población utilizada, tipo de estudio, afiliación de los autores, herramientas utilizadas, diseño de investigación, entre otras. También es aconsejable en estos casos combinar varias palabras clave para hacer la búsqueda más específica. Por ejemplo, si combinamos la palabra clave *stress*, con sus 157,984 registros, con la palabra *job performance*, obtendremos un total de 1,303 registros. La reducción es significativa y hace más precisa nuestra búsqueda.

Como he mencionado antes, vamos a ir creando una lista de referencias bibliográficas a partir de nuestra selección de los resultados obtenidos en nuestra búsqueda. Esta lista inicial nos permitirá seguir avanzando en nuestros pasos para construir la lista de referencias bibliográficas definitiva. El paso siguiente es identificar los autores clave sobre nuestro tema.

Identificar los autores clave sobre el tema

Una de las ventajas más impresionantes al realizar la búsqueda de las referencias utilizando medios computarizados, sean estos por Internet o no, es que este medio permite agrupar la información obtenida en base a distintos criterios. Uno de esos criterios es el agrupar esa literatura por autor. De esta forma podemos saber rápidamente cuáles son los autores que más han publicado sobre nuestro tema: aquellos que tienen el mayor número de publicaciones.

Obviamente, la cantidad de artículos publicados no es el único criterio que define a un autor clave. También tenemos que identificar a aquellos que han realizado los aportes más significativos al tema, independientemente de que hayan hecho sólo pocas publicaciones sobre el mismo. Para identificar a estos podemos auxiliarnos de las enciclopedias y libros de texto generales sobre el tema. Aunque estos documentos no constituyen fuentes primarias de información, nos presentan un resumen sobre el mismo que puede ayudarnos a encontrar quienes han sido los autores o instituciones más predominantes y significativos sobre el tema.

De este modo lo que hacemos es crear una lista de entre 3 y 6 autores clave sobre nuestro tema de investigación. Con estos autores identificados, vamos a investigar cuáles han sido todas las publicaciones que ellos han realizado, y de entre ellas vamos a seleccionar aquellas que tienen que ver con nuestro tema de investigación. Esa lista de publicaciones la vamos a agregar a la lista de referencias que construimos en el primer paso y pasamos al tercer paso, que consiste en pedir pre-impresiones y re-impresiones a los autores clave.

Pedir pre-impresiones y re-impresiones a los autores clave

Ya que tenemos identificados los autores clave debemos conseguir sus direcciones de correo o, mejor aún, sus direcciones de correo electrónico. Esto es relativamente fácil pues esos datos de contacto aparecen en sus biografías, en las páginas web de las instituciones donde trabajan, en la sección de reconocimientos (*acknowledgement*) de sus artículos científicos y en otros medios de información profesional. En lo particular yo prefiero escribirles por correo electrónico por lo sencillo y rápido que es su funcionamiento, pero todos los medios de comunicación son aceptables.

Ahora, para qué vamos a escribirles. Pues, para de una manera muy respetuosa y cordial, pedirles pre-impresiones y re-impresiones de sus artículos científicos. Por pre-impresiones me refiero a los documentos de los autores clave que han sido aceptados para ser publicados, pero que aún no se han publicado en sus respectivas revistas científicas. Son los documentos comúnmente llamados *en prensa*. Estos documentos representan un ventaja muy importante para quienes estamos haciendo una investigación, pues nos permiten conocer, antes de salir a la luz pública, las últimas y más recientes innovaciones, enfoques o hallazgos sobre el tema. De nuevo, como es un privilegio el poder recibir un documento que aun está en prensa, debemos pedirlo con mucho respeto y, muy aconsejablemente, motivando el por qué merecemos tal privilegio.

Por otro lado, las re-impresiones son los documentos que ya han sido publicados en revistas científicas y que los autores clave pueden hacernos llegar de manera directa. Aunque con las actuales tecnologías de información es relativamente fácil conseguir los documentos publicados en los últimos años, los documentos de décadas pasadas podrían no estar en versiones digitales, ni en las bibliotecas locales a las que tengamos acceso, por lo que las re-impresiones suele ser un mecanismo idóneo para conseguir esos documentos. También es muy útil conseguir de esta forma documentos de circulación limitada. Otra vez, el respeto y la cortesía en esta solicitud se hace imperativa. Aunque es muy común en los entornos científicos el realizar este tipo de solicitudes, no deja de ser un favor el que nos haría este autor clave.

Veamos esto en detalle. Como los autores no están obligados a ofrecernos o facilitarnos sus pre-impresiones y re-impresiones, sino que lo hacen como una cortesía, es importante que al contactarlos preparemos una carta, o correo electrónico si es posible, donde expliquemos clara y brevemente lo que estamos haciendo (nuestro proyecto), el por qué lo estamos haciendo (nuestro propósito) y la ayuda específica que necesitamos de ellos. En ocasiones explicarles el por qué es difícil para nosotros conseguir sus documentos en las librerías locales suele ser un motivador importante.

Por otro lado, también es prudente tener en cuenta que los autores clave y autores famosos reciben muchos correos a diario. Incluso, algunos de ellos son recibidos y respondidos por sus asistentes. De este modo, es prudente darles seguimiento. Si notas que no te responden de inmediato, vuelve y escribe una carta o correo electrónico. La mejor forma que tiene un autor clave para darse cuenta que tu proyecto tiene méritos, que eres una persona seria y decidida a concluirlo, y que es oportuno que utilice su tiempo para responderte, es cuando escribes una carta respetuosa, clara y concisa sobre lo que necesitas, acompañada del correspondiente seguimiento. Sé de casos en que el seguimiento ha consistido en varios correos posteriores, así que si no te responden, síguenes escribiendo.

Tengamos en cuenta que esta es además una forma económica de adquirir los artículos de investigación que necesitamos. Cada artículo recibido, así como cualquiera que estos autores claven nos indiquen como relevantes, deben ser agregados a nuestra lista de referencias bibliográficas que hemos ido creando. Con esto pasamos al siguiente paso, que es buscar en fuentes de referencia bibliográfica de otras disciplinas relacionadas o vinculadas a la nuestra.

Buscar en fuentes de referencia bibliográficas de otras disciplinas

La ciencia no se construye de manera aislada, y los problemas que enfrentamos no son sólo estudiados desde la perspectiva de nuestra disciplina. Por esta razón es de esperar que exista un conjunto de literatura científica importante que se haya generado en otras disciplinas relacionadas. Como las fuentes de referencia bibliográfica, por lo general, se organizan enfocadas en disciplinas específicas, es importante realizar búsquedas en esas otras que entendamos podrían estar vinculadas.

De este modo es importante identificar las disciplinas comunes a nuestro tema de investigación, identificar las fuentes de referencia bibliográfica de las mismas, y realizar la búsqueda de nuestras palabras clave en dichas bases de datos. Esto lo hacemos de la misma forma en cómo hemos buscado las palabras clave en la base de referencia de nuestra disciplina. Es decir, vamos a repetir nuestro paso número dos pero ahora en una nueva fuente de referencia bibliográfica distinta.

Como dije anteriormente, existen prácticamente bases de datos de referencia bibliográfica para cada disciplina científica, y un listado amplio puede encontrarse siguiendo este link http://es.wikipedia.org/w/index.php?title= Anexo:Bases_de_datos_acad%C3%A9micas_y_motores_de_b %C3%BAsqueda&oldid=68387409, o pueden buscarse en Google o cualquier otro buscador en Internet. Para una discusión más a fondo sobre los motores de búsqueda, las bases de datos bibliográficas y las fuentes de referencia bibliográficas puedes revisar el segundo paso que he descrito anteriormente.

Ahora bien, es importante el tomar en cuenta que no

necesariamente se utilizan las mismas palabras clave para referirse a un concepto entre dos disciplinas distintas. Por esta razón debemos primero validar nuestras palabras clave realizando una búsqueda en el tesauro correspondiente dentro de la disciplina alternativa elegida. De esta forma maximizamos la oportunidad de encontrar los mejores documentos científicos sobre nuestro tema de investigación.

Como he mencionado en los acápites anteriores, toda la referencia de literatura encontrada relacionada a nuestro tema de investigación será añadida a nuestra lista de regencias bibliográficas. Ahora pasamos al sexto paso, que consiste en revisar las tablas de contenido de las revistas científicas clave.

Revisar la tabla de contenido de las revistas científicas clave

Ya hemos ido construyendo una lista de referencias bibliográficas relativamente amplia. Nos hemos cuidado de utilizar un método sistemático para que la información científica más significativa para nuestro tema esté presente. Sin embargo, aún es posible que se nos estén quedando artículos importantes ya sea porque no hayan sido indexados utilizando nuestras palabras clave, o no hayan sido escritos por nuestros autores clave. Para corregir esto debemos identificar cuáles son las revistas científicas clave sobre nuestro tema de investigación y buscar en sus tablas de contenido, o lista de publicaciones realizadas, los artículos que aún nos esté faltando.

Para realizar esto debemos revisar la lista de referencias bibliográficas que hemos construido durante la realización de los primero cinco pasos y determinar cuáles son las revistas científicas que aparecen con mayor frecuencia. Por suerte esta es una tarea relativamente fácil utilizando los procesadores de texto que tenemos en nuestras computadoras personales, y en las que probablemente hemos redactado esta lista. Lo ideal es elegir entre 3 y 5 revistas científicas que consideraremos clave basados en que sean las que tengan el mayor número de artículos publicados.

Con esa selección de revistas científicas vamos a investigar en sus páginas web la lista de artículos publicados en los últimos diez años. Esto suele ser mucho más fácil revisando la tabla de contenido de dichas revistas, pues dichas tablas de contenido listan, precisamente, los títulos de los artículos publicados. Vamos a leer los títulos y los resúmenes que aparecen publicados en dichas tablas de contenido, recordando recorrer el período de los últimos diez años de publicación.

Obviamente muchos de los artículos que vamos a encontrar ya se encuentran listados en nuestra lista de referencias bibliográficas, pues, vinculantemente, estas revistas científicas elegidas son las más comunes en nuestra lista de referencias. Sin embargo, de vez en cuando vamos a encontrarnos con un artículo o documento que no habíamos incluido en nuestra lista. Si parece relevante para nuestro tema lo incluimos en nuestra lista de referencias y seguimos adelante con la revisión. Por eso es que debemos hacer la revisión de lo publicado en los últimos 10 años, porque lo que estamos haciendo es buscando cualquier artículo que se nos haya escapado.

Ahora pasamos al séptimo y último paso: revisar la lista de referencias de los artículos clave.

Revisar la lista de referencias de los artículos

Este último paso lo realizamos para validar que nuestra lista de referencias bibliográficas contiene una correcta representación de los artículos científicos publicados sobre nuestro tema. Es importante entender que hasta este momento estábamos construyendo nuestra lista de referencias bibliográficas sin leer los contenidos de los artículos científicos; estábamos enfocados sólo en crear nuestra lista. Sin embargo, este último paso, el de revisar la lista de referencia de los artículos, lo hacemos una vez tenemos los artículos científicos en nuestro poder y mientras vamos leyendo esos artículos.

Esto último significa que para poder realizar este paso debemos conseguir los artículos científicos completos que tenemos en nuestra lista de referencias bibliográficas. Estos pueden conseguirse directamente en las bases de datos de referencia bibliográfica, o a través de las páginas web de las revistas científicas específicas, o a través de la solicitud de re-impresiones. No olvidemos las bibliotecas locales, las cuales suelen ofrecer servicios de intercambio y acceso vía electrónica a un banco amplio de revistas científicas. El trabajo que nos compete es conseguir todos esos artículos científicos, ya sea de manera impresa o electrónica.

Entonces, al tener ya nuestros artículos a mano empezamos a leerlos. Mi recomendación general es ir leyéndolos, al menos la primera vez, de manera cronológica: desde el más antiguo hasta el más reciente. Esto así porque es la manera natural en que se supone se ha ido construyendo la información que contienen dichos artículos científicos. Lo que hacemos mientras leemos es ir revisando la lista de referencia de los artículos, y la contrastamos con la lista de referencias que hemos construido. Si encontramos un artículo en la lista de referencias del artículo que leemos, que no aparece en nuestra lista de referencias, lo agregamos junto a una nota de que debemos conseguirlo para la lectura y lo leemos.

Aunque este libro no está enfocado en cómo realizar la lectura de la información científica, ni en cómo escribir nuestro informe sobre esta revisión bibliográfica, es importante dedicar algunas palabras a este punto. Los artículos científicos van a leerse varias veces: la primera vez para que en nuestro cerebro se construya un mapa mental sobre el tema y sobre la información que de él se tiene; la segunda vez (y en ocasiones también la tercera y la cuarta) para identificar fortalezas y debilidades metodológicas de las investigaciones realizadas con anterioridad, así como para comprender los resultados alcanzados por estos estudios y resaltar los vacíos de conocimiento que puedan existir sobre nuestro tema de investigación. Como se puede inferir, la primera vez que leemos los artículos científicos lo hacemos sin escribir nada. Ese es un tiempo dedicado sólo a la lectura. Ya en las segundas y posteriores lecturas vamos tomando notas y construyendo nuestro informe. Para esto existen unas técnicas que pretendo presentar más adelante, en otro libro.

De nuevo, es importante recalcar que este proceso o etapa no inicia de manera inmediata: este paso se inicia mientras vamos realizando la lectura de los artículos científicos que hemos seleccionado. Por ende, antes de iniciarlo debemos realizar todos los esfuerzos por conseguir todos los artículos que hasta el momento tengamos listados en nuestra lista de referencias bibliográfica.

Conclusión

En las páginas precedentes les he ido presentando una manera de buscar y encontrar literatura científica que sea relevante para desarrollar una investigación de calidad. Iniciamos el proceso revisando nuestra elección del tema de investigación. Esto es sumamente importante porque su delimitación precisa nos permitirá mantenernos durante todo el proyecto dentro del curso y contenido que hemos elegido. Nos evitará perder tiempo revisando contenidos o materiales que no se vinculan, o no son útiles, para desarrollar nuestro proyecto.

Vimos también cómo utilizar fuentes rápidas de información general. Si bien estas fuentes no necesariamente constituirán parte de nuestra lista de referencias bibliográficas, nos ofrecen un conocimiento y comprensión general sobre nuestro tema de investigación, necesario para poder realizar búsquedas efectivas de la literatura científica. Esta parte es significativamente útil para investigadores que se inician en nuevos temas. En mi experiencia es muy difícil realizar búsquedas, y encontrar literatura científica de calidad, si no se cuenta al menos con un entendimiento general del tema de investigación que se estudia.

Revisamos luego las reglas para localizar la literatura científica relevante. Estas recomendaciones nos ayudan a asegurar la calidad de la literatura seleccionada y nos permiten desechar documentos que no tienen un aporte científico. Estas recomendaciones se basaron en utilizar fuentes primarias de información, priorizar el uso de literatura revisada por pares y el evitar la prensa popular.

Más adelante nos adentramos en los siete pasos para encontrar la literatura científica. El primero de ellos fue identificar las palabras clave que definen nuestro tema de investigación. Esto nos ayuda a ser precisos, pues así seleccionamos documentos que están realmente vinculados a nuestro tema de investigación, al tiempo que desechamos documentos que no están vinculados a nuestro tema. Una adecuada selección de palabras clave nos permite cubrir la mayor cantidad de publicación científica relacionada a nuestro tema.

El segundo paso consistió en realizar la búsqueda en fuentes de referencia bibliográfica. Estos son motores de búsqueda por computadora que dan como resultado un listado de literatura científica vinculada a nuestras palabras clave. Estos motores de búsqueda están diseñados considerando una o varias disciplinas en particular, por lo que la elección de los mismos es de crucial importancia. Realizar la búsqueda en una disciplina ajena a la nuestra no nos produce un resultado adecuado. Identificar la mejor fuente de referencias bibliográficas es, por mucho, uno de los pasos más importantes en todo este proceso.

El tercer paso vimos cómo identificar los autores clave sobre nuestro tema. Si esas son las personas que han definido o marcado nuestro tema de investigación, dejando una impronta significativa, entonces es importante revisar y documentarnos bien sobre toda su producción científica. Comprender el pensamiento y razonamiento de aquellos que son los expertos sobre nuestro tema nos ayuda a acelerar nuestro propio entendimiento y dominio sobre el mismo.

El cuarto paso fue el de contactar a los autores clave que identificamos en el paso anterior y pedirles pre-impresiones y re-impresiones. Las pre-impresiones son documentos preciados pues contienen información novedosa que, aunque han sido aceptados para su publicación, aun no son conocidos por toda la comunidad científica. Digamos que nos frecen una ventaja competitiva respecto a las consideraciones y análisis que podemos incluir en nuestro informe. Es bueno también explorar si pueden recomendarnos literatura específica o documentos que ellos entiendan son importantes para nuestra revisión de literatura.

El quinto paso recomendado fue realizar otra búsqueda de literatura en fuentes de referencia bibliográfica, pero esta vez en una disciplina distinta a la nuestra, pero que esté relacionada o vinculada con la nuestra desde el punto de vista científico. Esto nos permitirá ver, desde otra perspectiva, los problemas y dificultades metodológicas y conceptuales que nosotros estemos enfrentando en nuestro tema. Esto puede ayudarnos a obtener soluciones novedosas, o pensadas *fuera de la caja*, que nos ayuden al avance de nuestra ciencia.

El sexto paso consistió en identificar las revistas científicas clave dentro de nuestra lista de referencias bibliográficas y en revisar la tabla de contenido de las mismas. De esta forma nos aseguramos que no se nos quede por incluir algún documento importante, que no haya aparecido en nuestras búsquedas porque haya sido indexado utilizando otras palabras clave, o porque no haya sido escrito por alguno de nuestros autores clave. El propósito de esto es asegurarnos de tener varias y distintas visiones de la literatura científica sobre nuestro tema de investigación.

En nuestro último paso, el número siete, expliqué cómo revisar la lista de referencias de los artículos que vamos leyendo y cómo agregar a nuestra propia lista aquellos nuevos que encontremos. Al igual que el paso anterior, éste nos proporciona la certeza de que no pasemos por alto alguna literatura científica que sea importante para nuestro tema de investigación.

Estos han sido el conjunto de siete simples pasos que si son llevados a cabo de manera sistemática nos permitirán asegurarnos de que tenemos toda la literatura científica necesaria para hacer nuestro análisis, y que no hemos dejado de lado ninguna publicación importante. Se sabe que no todo lo que se lee aparecerá en el informe de investigación que se escribirá, pero ciertamente una profunda, completa y exhaustiva revisión de la literatura es lo que nos permitirá diseñar un método de investigación de calidad que efectivamente responda nuestras preguntas de investigación y ofrezca un paso de avance a nuestra ciencia.

Sobre el autor

El Profesor César Andrés Caamaño es egresado de la Universidad Nacional Pedro Henríquez Ureña (UNPHU) con una Licenciatura en Psicología Industrial. Realizó estudios de postgrado sobre Gestión de la Calidad y la Productividad en el Instituto Tecnológico de Santo Domingo (INTEC) y realiza su Doctorado en Cooperación y Bienestar Social en la Universidad de Oviedo, España, de la cual cuenta también con un Diploma de Estudios Avanzados (DEA).

Tiene una amplia experiencia en investigación y docencia. Ha trabajado en múltiples proyectos de investigación en temas como fiabilidad, validez y estandarización de pruebas psicológicas; el síndrome del burnout, clima organizacional, responsabilidad social corporativa, estrés crónico laboral, vida organizacional, motivación interna, acoso psicológico en el lugar de trabajo, compromiso organizacional y carga de trabajo, entre otros.

El Profesor Caamaño ha desarrollado proyectos y producido investigación para varias universidades locales, así como también para el Observatorio Dominicano de Drogas, la Oficina Nacional de Estadística (ONE), el Banco Mundial y la Agencia de Estados Unidos para el Desarrollo. En la actualidad dirige el Departamento de Evaluaciones y Pruebas de la Oficina de Certificación y Desarrollo de la Carrera Docente (OC-DCD) del Ministerio de Educación de la República Dominicana (MINERD).